Mémoire
Pour Dame Madeleine Maréchal de Fins,
épouse de messire Jean de la Brosse-Morlay,
Chevalier, intimée et demanderesse.
Contre Nicolas Aujay de la Busserolle,
appelant et défendeur.
Paris, vers 1730.

MEMOIRE,

POUR Dame Madeleine Marechal de Fins, Epouſe de Meſſire Jean de la Broſſe-Morlay, Chevalier, Intimée & Demandereſſe.

CONTRE Nicolas Aujay de la Buſſerolle , Appellant & Défendeur.

LE crime dont on accuſe l'Appellant, ne doit pas, comme il affecte de le dire, être placé dans la claſſe de ces galantes Peccadilles , dont une imagination badine nous a laiſſé les fictions ingenieuſes, dans le Recueil intitulé *Areſta Amorum*. L'accuſation formée contre lui , défere à la Juſtice des attentats qui ne ſont que trop réels, & dont il doit aujourd'hui ſentir mieux qu'un autre le poids & les conſéquences. C'eſt en vain qu'il expoſe, comme une ſcene riſible, ces traits honteux d'audace & de fureur, que l'habitude lui fait peut-être enviſager comme des jeux indifferens, *Ludum inſolentem ludere pertinax*. La Cour, qui ne voit rien que par les yeux de la juſtice & de la vertu, découvrira bien-tôt toute la noirceur du procedé qu'il regarde comme innocent ; & quand pour détourner les regards des Magiſtrats, d'une cauſe qui lui paroît ſi peu ſerieuſe, il fixe leur devoir & leur attention particuliere à la vengeance des crimes qui troublent l'ordre de la ſocieté , il ne penſe pas qu'en leur rappellant ce point important de leur miniſtere , il arme contre lui la ſeverité de leurs Jugemens, & s'indique lui-même pour l'objet neceſſaire de leur indignation. Croit-il que l'interet de la ſocieté n'exige pas la punition d'un coupable ; qui, ſans reſpecter les prérogatives du Sexe , ni la dignité de la naiſſance , accable une Dame diſtinguée, des outrages les plus cruels, & qui forcé de lui laiſſer la vie , la lui arrache mille fois par des violences qui font horreur ? On ne dit rien de trop ; & l'on verra par le recit des faits, que cette affaire intereſſe veritablement toutes les perſonnes d'honneur qui doivent craindre pour elles les ſuites funeſtes qu'entraîneroit l'exemple de l'impunité.

Ecartons d'abord ces obſervations préliminaires qu'on qualifie de *Reflexions ſur les veritables motifs du procès*. L'Appellant y peint la Dame Intimée comme une femme jalouſe, de qui l'eſprit inquiet & turbulent, eſt une ſource perpetuelle de querelles & d'emportemens, dont ſon époux eſt la victime. L'Appellant y paroît comme le reparateur des torts, & le protecteur de la ſocieté conjugale, qui vient ſans ceſſe étouffer les ſemences de la diviſion , & apporter la paix & la douceur, où regnent le déſordre & la haine : quel contraſte entre cette peinture & les faits qui vont lui ſucceder !

L'Appellant a lui-même fourni au Public un détail bien fidéle de ces faits, en rapportant les dépoſitions des Témoins, qui ont été entendus dans les informations : il a oſé faire imprimer ces piéces ſecretes du pro-

A

cès , sans s'appercevoir qu'elles portent la conviction de son crime , & qu'elles exposent à la vindicte publique l'Officier prévaricateur qui les lui a confiées. C'est à la faveur de cette coupable communication , qu'il a préparé à loisir les couleurs , sous lesquelles il déguise aujourd'hui les principales circonstances des faits les plus graves : les voici dans la plus exacte verité , & tels qu'ils ne seront démentis ni par la plainte , ni par les informations.

La Dame Intimée s'étant apperçuë que la conduite de son mari n'étoit pas aussi sage que l'exigeoit la pureté des engagemens qui lui avoient consacré sa foi , voyant même, que par une suite de désordres, les plaisirs étrangers de son mari entraînoient une dissipation ruineuse , elle tenta auprès de lui tout ce que la douceur a de plus tendre pour le détourner d'un genre de vie , dont la fin ne pouvoit être que la perte de son honneur & de sa fortune. Le Sieur de la Brosse écouta ses plaintes affectueuses avec impatience : il en fit part à la Busserolle, qui reçut cette confidence avec toute la sensibilité que devoit témoigner un ami tel que lui. Il persuada au sieur de la Brosse , assez disposé à le croire, qu'il falloit reprimer les saillies insolentes d'une femme , qui s'ingeroit de prêcher à son mari la sagesse & la vertu. Ministre des plaisirs du sieur de la Brosse , il étoit juste qu'il en prît la défense. Il la prit effectivement avec tant de chaleur, qu'il crut devoir son bras au sieur de la Brosse, pour le venger de la temerité d'une femme qui avoit osé concevoir le dessein d'arrêter ses dissipations & ses débauches. Un secours si genereux fut accepté , & on se reposa même sur le zele de la Busserolle du soin d'une correction aussi importante pour leur tranquillité.

Le 21 Juillet 1726. fut apparemment le jour choisi pour executer ce projet de fermeté & de justice. La Busserolle arriva dès le matin au Château de la Brosse ; mais ayant sçû que le sieur de Thiange y étoit , il crut qu'un homme d'honneur étoit de trop dans la partie; il jugea donc à propos de se cacher dans une étable , & d'attendre que le départ du sieur de Thiange lui ouvrît une carriere plus commode.

Il y avoit déja du temps que le sieur de Thiange étoit parti , quand la Busserolle , découvert par une servante , qui en avertit sa maîtresse, sortit de sa retraite , & se présenta dans l'appartement de la Dame de la Brosse, qui soupçonnant avec raison une démarche aussi équivoque , lui en marqua sa surprise , & le pria de se retirer. Alors la Busserolle , qui se pique dans son Memoire *de n'avoir jamais manqué de respect au beau sexe ,* lui répondit, *qu'il vouloit rester pour la faire enrager.*

Ces paroles furent suivies des injures les plus atroces , & des calomnies les plus outrageantes: la Dame Intimée essuya toutes ces épithetes infâmes, dont on rougit même de noter les personnes les plus débordées. On épargne à la pudeur ce tissu d'expressions odieuses qui lui feroient baisser les yeux.

Dans cet intervale le sieur de la Brosse arriva de Montmarault : la Busserolle alla au devant de lui, comme un homme qui venoit de défendre avec chaleur leurs interests communs : il se plaignit de ce que la Dame Intimée avoit peine à souffrir sa présence : le Sieur de la Brosse appuya la cause de la Busserolle, ou plûtôt la sienne : il vit couler avec indifference, on peut même dire avec plaisir, les larmes de son épouse: les plaintes qu'elle lui fit , n'eurent pour réponses que des duretés indignes : elle fut contrainte de se retirer , & de fermer en sortant la porte de la chambre, pour éviter des emportemens dont elle craignoit les suites.

Cette précaution fut inutile : le sieur de la Brosse & la Busserolle voulurent sortir ; les menaces & les juremens furent les paroles engageantes qu'on employa pour obliger la Dame Intimée à ouvrir la porte ; mais la frayeur l'ayant fait differer trop long-temps à les satisfaire, pour la punir d'une désobéïssance si criminelle, on prit le parti de jetter ses habits dans le fossé du Château. L'Intimée craignit que cette nouvelle espece de vengeance n'allât jusqu'à demeubler totalement son appartement; elle ouvrit la porte, & le sieur de la Brosse & la Busserolle sortirent comme deux furieux, en réïterant les injures qu'ils venoient de vomir contre la Dame Intimée.

Pendant leur absence la Dame Intimée prit l'épée de la Busserolle qu'elle trouva dans la chambre , & pour prévenir l'usage qu'il en pouvoit faire dans sa fureur , elle la jetta dans les fossez du Château : mais cette action fut un prétexte à la Busserolle pour reveiller ces transports de rage qu'une absence momentanée n'avoit pas encore étouffés. (*a*) Il jura hautement qu'il jetteroit la Dame Intimée dans les fossez. Il accompagna ce serment des imprécations qui lui sont familieres ; & cette vengeance lui parut si douce , qu'il sacrifia dès le moment deux cent pistoles pour avoir sa grace.

Ces menaces firent fremir la Dame Intimée. Elle prit le parti de s'en fermer dans son appartement; mais deux portes ne furent qu'une barriere impuissante que la Busserolle força avec une hache qu'il alla chercher : il saisit la Dame Intimée, l'enleva de terre, la mit sur le bord de sa fenêtre, & s'élançoit pour la précipiter , lorsque ses domestiques qui étoient accourus à ses cris, se jetterent sur lui, & l'arrêterent; mais pour se dédommager de l'inexecution de son dessein, il jetta la Dame Intimée sur un lit qui se trouva proche de la fenêtre , lui leva les jupes, lui donna plusieurs coups de sa main, & lui dit *qu'on avoit foüetté cent gueuses qui ne le meritoient pas tant qu'elle.* Comme la Dame Intimée faisoit tous ses efforts pour s'arracher à ce nouveau genre de supplice , la Busserolle poussa la ferocité jusqu'à lui donner sur la tête un coup de poing qui la renversa. Il est inutile & même impossible de rapporter ici les execrations dont ces violences furent soutenuës.

Enfin, la Dame Intimée sortit de son appartement, & descendit dans la Cour du Château ; le sieur de la Brosse & la Busserolle la suivirent, parce qu'ils craignoient que ses plaintes ne publiassent leurs noirceurs. Elle voulut chercher un asile où elle pût reprendre ses esprits; mais le sieur de la Brosse & la Busserolle l'enleverent, & l'aïant portée dans le Château , ils fermerent la porte. La Dame Intimée prit donc le parti de s'enfermer dans sa chambre avec une de ses femmes, où elle resta jusqu'au lendemain matin , sans pouvoir prendre aucune nourriture , parce que la Busserolle avoit fermé la porte par dehors, comme elle l'avoit fermée par dedans.

Tels sont les faits confirmez par les informations que la Busserolle n'a pas craint de rendre publiques.

On ne s'arrêtera point ici à faire voir que ce genre de crime merite un châtiment des plus severes ; il faudroit avoir perdu , on ne dit pas l'idée de nos Loix, mais les sentimens de l'humanité, pour n'en pas souhaiter la vengeance. Auffi la Bufferolle n'a-t-il exageré la médiocrité de l'offenfe que par une raillerie qui fait connoître qu'il auroit craint de l'avancer férieufement. Une circonftance qui rend encore le crime plus grave, c'eft la qualité des Parties, qui marque entre l'Accufatrice & l'Accufé une difproportion infinie. La Bufferolle n'eft qu'un fimple Roturier, & la Dame Intimée eft d'une Maifon qui depuis une longue fuite de fiecles, fournit à l'Etat & à l'Eglife des Grands Baillifs, des Grand-Croix, & des Comtes de Lyon. Mais la Bufferolle ne fonde uniquement tout l'efpoir de fa défenfe, que fur des fins de non-recevoir, des nullitez, des contradictions; en un mot, il s'efforce d'enfevelir le fond dans la forme. Pour le fuivre avec ordre, & le confondre, il faut rendre compte des démarches de la Dame Intimée, & de la Procedure.

La Dame Intimée s'adreffa à M. le Duc de Lévy, Lieutenant General pour Sa Majefté en la Province de Bourbonnois, & lui préfenta un Placet de quatre ou cinq lignes, qui fans explication particuliere de faits expofoit que la Bufferolle l'avoit traitée indignement, ce qui l'obligeoit d'avoir recours à lui pour n'être plus expofée à de pareilles infultes. M. de Lévy mit au bas de ce Placet un ordre qui enjoignoit à la Bufferolle de comparoître devant lui en fon Château au Jeudy 27 du mois de Juin, & chargea deux de fes Gardes de faire fçavoir cet ordre à la Bufferolle; ils s'en acquitterent.

Cette nouvelle ne laiffa pas d'alarmer la Bufferolle. Le fieur de la Broffe & lui tinrent confeil; & voici quel fut le refultat de leurs déliberations.

Ils allerent trouver M. le Duc de Lévy le 28 Juin: la Bufferolle affecta une contenance tranquille, & parut avec cet air de fecurité, que l'innocence porte fur fon front. Le fieur de la Broffe fe prefenta comme un Epoux pacifique, qui venoit de calmer les tranfports de fa femme, & qui fans partialité ne prenoit que le parti de la juftice & de la verité. Il fit entendre à M. le Duc de Lévy qu'il ne s'agiffoit entre fa femme & la Bufferolle, que de certaines vivacitez qui étoient échapées à l'indifcretion plûtôt qu'à la malice, & que le tems en effaceroit aifément la mémoire.

Ces rémontrances defintereffées dans la bouche d'un mari, qu'on préfume toujours défenfeur fevere de l'honneur de fa femme, firent fur l'efprit de M. le Duc de Lévy, l'impreffion qu'ils avoient lieu d'en attendre. Il enjoignit de parole à la Bufferolle, de faire fatisfaction à la Dame de la Broffe, & de ne fe point trouver en même lieu qu'elle pendant l'efpace de fix mois.

La Dame Intimée fe retira chez fes parens; ainfi elle n'eut pas befoin heureufement de l'autorité de M. le Duc de Lévy qu'elle avoit implorée pour fe mettre à l'abri des nouvelles infultes que la Bufferolle auroit pû lui faire. Arrachée des bras de fes perfecuteurs, elle rendit fa plainte en la Cour le 5 Août 1726. c'eft-à-dire, environ un mois & demi, & non pas fi mois après l'affaire arrivée, comme la Bufferolle l'avance fauffement. La Requête qui contient cette plainte, eft vifée dans la Sentence de contumace du 31 May 1728.

Elle obtint Arreft, qui fur les conclufions de M. le Procureur Général, renvoya la plainte devant le Lieutenant Criminel de Souvigny, & le 13. Decembre 1728. ce Juge rendit fon Ordonnance, portant permiffion d'informer. Cette Ordonnance fut fuivie d'une information d'un decret de prife de corps contre la Bufferolle, d'une addition d'information, &

enfin

enfin d'un recollement qui servit de confrontation, parce que la Busserolle avoit pris le parti de la fuite.

Le Juge de Souvigny étant decedé, la Cour rendit un second Arrêt le
10. Avril 1728. qui renvoya la suite de l'instruction devant le Lieutenant Criminel de Moulins. La Busserolle a traité en plusieurs endroits de
son Memoire cet Officier comme un Juge indigne, comme un prévaricateur declaré. Il a même dit dans une apostille que ce Magistrat solli-
cita lui-même ce renvoy lors de sa reception en la Cour; mais il ne pen-
se pas que cette note injurieuse attaque autant la sagesse de la Cour, que
la conduite de cet Officier. On ne croit pas devoir répondre à ces Obser-
vations que l'imposture a semées au hazard; on laisse à la Cour le soin
d'en peser les conséquences, & de venger l'honneur de ceux à qui elle con-
fie l'execution de ses volontez.

Ce qui a si fort aigri la Busserolle contre le Lieutenant Criminel de
Moulins, c'est sans doute la Sentence de contumace qu'il rendit le 31.
May 1728. par laquelle la Busserolle fut déclaré duëment atteint & con-
vaincu d'avoir proferé à l'Intimée les injures mentionnées au Procès, &
d'avoir exercé envers elle les outrages, mauvais traitemens & entrepri-
ses sur sa vie aussi mentionnés au Procès, pour réparation de quoy il
fut condamné aux galeres pour neuf ans, préalablement flétri des Lettres
G. A. L. La même Sentence ordonna que la condamnation seroit trans-
crite sur un tableau qui seroit attaché dans la place de l'Horloge de Moulins, condamna la Busserolle en trois mille livres de dommages & interests civils & aux depens du Procès, & permit à la Dame de la Brosse de
faire afficher la Sentence dans tous les lieux du Ressort qu'elle jugeroit à
propos.

Les reproches qu'on a faits à la Dame Intimée d'avoir executé cette
Sentence autant qu'elle a pû en la rendant publique, ne meritent pas de
réponse. On demande seulement quel est le crime d'une partie qui execu-
te les ordres de la Justice.

La Busserolle fugitif, se refugia enfin à Paris. Les reflexions qu'il y dut
faire, ne rendirent pas sa conduite plus reguliere.

Il fit de nouvelles insultes à une Dame qui s'en plaignit; on écouta ses
plaintes, & la Busserolle fut arresté par ordre du Lieutenant de Police,
qui découvrant qu'il étoit contumax de Moulins, le fit conduire des Prisons du Châtelet dans celles de Moulins.

La Busserolle, à l'occasion de son emprisonnement & de sa translation
dans les Prisons de Moulins, fait dans son Memoire differentes remarques qui ne sont qu'un assemblage de faits faux ou indifferens. Tous les
Griefs qu'il propose dans cet endroit ne tendent qu'à noircir le Lieutenant Criminel de Moulins; mais attaquer la probité des Magistrats qui
punissent le crime, les accuser de partialité, c'est le langage de tous les
coupables; langage cependant qui merite, comme on l'a déja observé, une
severe reprehension. Comme la Dame Intimée ne se propose ici que de
détruire les moyens les plus apparens de la Busserolle, elle négligera de
relever ces contraventions imaginaires aux Ordonnances de nos Rois,
& de répondre à ces reproches calomnieux, qui ne vont qu'à dechirer
ceux ausquels ils s'adressent sans disculper leur Auteur.

Enfin telle est la reconnoissance de la Busserolle pour des Officiers qui
l'ont traité, on le peut dire, avec assez d'humanité, puisque par la Sen-

B

tence définitive du 25. Janvier 1729. ils l'ont condamné simplement au bannissement pour neuf ans, en trois livres d'amende envers le Roy, en une amende honorable à l'Intimée, en 2000 liv. d'interests civils, & aux dépens, avec permission à la Dame de la Brosse, de faire publier & afficher cette Sentence.

En suivant la Busserolle pas à pas, la Dame Intimée arrive enfin aux grands moyens qu'il oppose pour anéantir l'accusation formée contre lui, c'est-à-dire aux fins de non-recevoir, aux nullitez, & aux prétenduës contradictions qu'il s'est imaginé entrevoir dans les dépositions des Témoins.

Il propose trois fins de non-recevoir.

La premiere tirée de l'article 2. du titre 18. de l'Ordonnance de 1667. qui donne le choix de la voye civile ou criminelle, & qui décide que celui qui aura choisi l'une de ces actions, ne pourra plus se servir de l'autre.

La seconde fondée sur la disposition de l'article 2. du titre 1. de l'Ordonnance de 1670. qui porte que celui qui aura rendu sa plainte devant un Juge, ne pourra demander son renvoy devant un autre, encore qu'il soit Juge du lieu du délit.

La troisiéme se trouve, dit-il, appuyée sur la régle triviale en matiere de jugement, *non bis in idem*.

L'application qu'il fait de ces trois régles à l'espece, se réduit à dire que la Dame Intimée aïant choisi la voye civile en portant sa plainte à M. le Duc de Lévy, n'est plus en droit de prendre la voye criminelle ; il va plus loin, & soutient que la Dame Intimée a non-seulement porté sa plainte devant M. le Duc de Lévy, mais *que les Parties y ont comparu, & après avoir été entenduës en presence l'une de l'autre, du sieur de la Brosse mari de la Dame Intimée, & de vingt Gentilshommes*, M. le Duc de Lévy a porté son jugement, & que par conséquent c'est une chose jugée, & contre laquelle la Dame Intimée n'a pû reclamer que par la voye de l'appel au Tribunal superieur, qui est celui de Messieurs les Maréchaux de France.

On peut dire que ces fins de non-recevoir sont pitoyables.

Les articles de l'Ordonnance que la Busserolle a citez, & qui défendent à la Partie de prendre la voye criminelle lorsqu'elle a pris la voye civile, ne s'entendent que lorsque l'action a été intentée dans une Justice reglée, & avec les formalitez prescrites par les Ordonnances. Le Château de M. le Duc de Lévy n'est point certainement une Justice reglée, surtout lorsqu'il s'agit d'insultes faites par un Roturier. Ce Seigneur, ami de la justice & de la verité, rendra temoignage que la Dame Intimée s'adressa à lui, moins comme à un Juge, que comme à une puissance protectrice des mœurs & de la vertu, & qui avoit en main l'autorité necessaire, non pas pour venger par des peines legitimes les affronts qu'elle avoit reçûs, mais pour prévenir par des ordres respectables les nouveaux outrages ausquels elle étoit exposée : il fit même observer à la Dame Intimée que cette affaire n'étoit point de sa competence, elle le sçavoit bien : aussi lui expliquoit-elle dans son Placet, *qu'elle n'avoit recours à sa justice que pour n'être plus exposée à de semblables insultes.* C'est ce qui détermina M. le Duc de Lévy à donner l'ordre dont nous avons parlé.

Il faut avoüer en passant que la Dame Intimée est bienheureuse que la crainte d'être noyée par la Busserolle, comme il le dit lui-même, l'ait empêchée d'aller à Saint Bonnet, pour se plaindre au Curé. Cette démarche inconsiderée auroit encore fourni contr'elle une merveilleuse fin de non-recevoir.

On a déja observé quelles furent les suites de l'ordre donné par M. le Duc de Lévy, & l'on vient de voir que le sieur de la Brosse eut la perfidie de se présenter à M. de Lévy, comme l'interprete d'une femme qui s'étoit livrée à un premier mouvement, & qui commençoit à regreter ses démarches. Pourra-t-on s'imaginer qu'un mari ait porté la lâcheté jusqu'à ce point ? Il faut cependant convenir que les services qui lui étoient rendus par la Busserolle, étoient de nature à mériter une reconnoissance de cette espece.

Mais il faut encore ici démasquer l'imposture de la Busserolle. Il a eu la temerité d'avancer dans son Memoire, que la Dame Intimée parut avec lui devant M. le Duc de Lévy, & qu'à la faveur d'une éloquence artificieuse, elle le peignit avec des traits si noirs, qu'il eut le malheur d'être regardé, *non pas comme l'offensé, mais comme l'offenseur.* Ne nous arrêtons point à ces allegations vagues, où il accuse la Dame Intimée *de posseder parfaitement l'art de feindre, de déguiser & d'en imposer.* S'il a quelque reproche à lui faire, c'est d'avoir dévoilé des veritez qui le deshonorent pour toûjours. Hé ! pourquoi auroit-elle recours au mensonge, pendant que la verité lui fournit des traits dont elle veut bien encore lui épargner le détail ? Mais revenons au point de la prétendüe comparution devant M. de Lévy.

C'est un fait constant, & qui sera attesté par M. le Duc de Lévy lui-même, que la Dame Intimée ne parut point devant lui avec le sieur de la Brosse & la Busserolle, qu'ils n'étoient qu'eux deux, & que ce fut sur la foi seule des assurances que lui donna le mari, de l'innocence de la Busserolle, qu'il lui ordonna verbalement de faire satisfaction à la Dame Intimée, & de ne se point trouver en même lieu qu'elle pendant six mois ; en un mot, cela est prouvé au Procès. Est-ce donc là un Arrêt qui remplisse tellement la vengeance que la Dame Intimée a droit d'exiger, & qui lui lie tellement les mains, qu'elle ne puisse plus se pourvoir par la voye criminelle sans violer & les Loix, & les Ordonnances ? Ne peut-on pas ici retorquer contre la Busserolle les principes qu'il a mal à propos appliquez aux Requêtes sur lesquelles la Dame Intimée a obtenu les deux Arrêts de la Cour, qui ont renvoyé l'instruction du Procès devant le Juge de Souvigny, & ensuite devant celui de Moulins ? Si la subreption & le dol personnel donnent lieu à la retractation des Arrêts contradictoires, & pour rendre à la Busserolle ses termes, *si le trône de la Justice n'est établi que sur les colomnes de la verité, quelle apparence qu'un Jugement puisse subsister, lorsqu'il n'a d'autre fondement que le dol & l'imposture ?*

Qu'il cesse donc d'opposer comme fin de non-recevoir l'ordre verbal de M. le Duc de Lévy.

Aux fins de non-recevoir succedent les nullitez de la Procedure ; car, on le repete, c'est sur la forme seule que la Busserolle se retranche. La nullité capitale, ou plûtôt la seule qu'il trouve dans la Procedure, c'est que l'instruction a été faite à la requête du Substitut de M. le Procureur General, quoique la Dame Intimée fût partie civile. Il cite l'article 19. du titre 25. de l'Ordonnance de 1670. qui enjoint aux Procureurs du Roi, & à ceux des Seigneurs, de poursuivre incessamment ceux qui sont prévenus de crimes capitaux, *ou ausquels il échéra peine afflictive*; & c'est précisément cet article qui justifie la conduite du Substitut de M. le Procureur General. Pouvoit-il rester dans l'inaction sur le Procès d'un Criminel qui lui étoit adressé par un ordre du Roi, à l'insçû même de la Partie civile ? Tout ce qui peut arriver en ce cas, c'est que les frais du Procès ne se prennent point sur les Fermiers du Domaine, dont la Busserolle a pris si vivement les interêts; ou bien s'il se trouve des Executoires decernez contr'eux, ils ont leur recours contre la Partie civile. Mais de dire que la poursuite du Substitut de M. le Procureur General imprime à la Procedure un vice de nullité, c'est une illusion détruite par l'Ordonnance même, & qui ne merite pas qu'on la refute.

La Busserolle présente encore à la Justice, comme un tissu de nullitez criantes, les circonstances de sa capture. Il doit adresser ces reproches au Lieutenant de Police; car c'est par son ordre qu'il fut arrêté à Paris, comme il en convient. Il finit enfin cette partie de son Mémoire par une accusation generale contre tous les Juges qui ont esté chargez de l'instruction de ce procès. Il en fait autant de prévaricateurs, qui ne se sont servi *du glaive de la Justice, que pour opprimer l'innocent*. On ne s'arrêtera point, encore un coup, à relever des déclamations de cette espece; & l'on croiroit combattre la Busserolle avec une exactitude trop scrupuleuse, si l'on le suivoit jusques dans ses écarts.

Après s'estre reposé avec une juste confiance sur la pénétration de M. le Rapporteur pour la visite des pieces du procès, la Busserolle passe à l'examen de la plainte de la Dame Intimée; mais il ne fait que rapporter sa Requeste en son entier, & y joindre seulement sept ou huit apostilles, qui ne prouvent que l'impossibilité où il est de contredire les faits qu'elle contient. La Cour & le Public en jugeront.

Passons présentement à cette partie du Mémoire qui porte pour titre: *Analyse des Informations*.

La Busserolle commence par reprocher les deux Témoins de l'Information du 31. Decembre 1726. Voicy ce qui fait la matiere de ses reproches.

La Dame Intimée, dit-il, voulant se servir du témoignage de Marie Belin & de Marguerite Gerbon ses deux domestiques, plaça l'une, tantôt chez un de ses parens, tantôt chez un amy; elle lui donna même une Robe de chambre.

Il faut d'abord convenir, & la Busserolle ne le nie pas, que la qualité de domestiques n'est point un sujet de reproche, parce qu'elles sont icy des Témoins nécessaires. C'est donc par leur transmigration chez des parens, ou des amis de la Dame Intimée, & par la gratification faite à l'une d'elles d'une Robe de chambre, qu'on prétend rendre leur témoignage suspect.

Voila certainement les reproches les plus bizarres & les plus pueriles qui ayent jamais esté proposés; car quand les domestiques de la Dame Intimée, forcées de la quitter dans un temps où leurs services lui devenoient inutiles par l'établissement de son domicile chez ses parens, auroient cherché condition chez des amis, ou d'autres parens de la Dame Intimée, ou bien, si l'on veut, quand la Dame Intimée leur auroit procuré ces places, quand elle auroit rendu des visites à ses parens, chez qui elles demeuroient; quand elle auroit donné une Robe de chambre à l'une d'elles, ces domestiques ne pourroient-elles plus déposer dans un cas où leur témoignage est requis par la Loy ? C'est une idée qui choque le bon sens.

Mais

Mais la Dame Intimée va plus loin ; elle foutient que tous les faits alleguez par la Buſſerolle en cet endroit, ſont abſolument faux. Elle n'a jamais placé ſes domeſtiques en aucunes maiſons : elle n'a jamais eſté au Château de Dreüil, où demeuroit Marie Belin. Les contradictions qu'il ſuppoſe avoir découvertes à la confrontation entre cette Marie Belin & Marguerite Gerbon, ſont des chimeres qu'il a imaginées pour fraper la Cour & le Public. En effet, en ſuppoſant que Marguerite Gerbon ait dit à la confrontation, qu'elle avoit vû la veille de l'aſſignation la Dame Intimée au Château de Dreüil, elle entendoit parler du Chaſteau de Chery, qui appartient à M. de Dreüil, qui y fait ſa réſidence, & non pas du Chaſteau de Dreüil de M. de Creſſange, où demeuroit Marie Belin. Ainſi Marie Belin auroit dit vrai, quand elle auroit aſſuré qu'elle n'avoit jamais vû la Dame Intimée au Chaſteau de Dreüil de Creſſange, où elle demeuroit, parce qu'effectivement elle n'y a jamais eſté ; & Marguerite Gerbon auroit auſſi accuſé juſte, en diſant qu'elle a vû la Dame Intimée au Chaſteau de Chery, qui appartient à M. de Dreüil, parce qu'elle y a réellement eſté.

Il y auroit encore une infinité de reflexions à faire ſur les ſoupçons de ſubornation que la Buſſerolle voudroit faire naître ; elles ſerviroient à la verité à confondre de plus en plus ſes impoſtures, mais dès qu'elles ne peuvent produire que cet effet, on les croit ſuperfluës.

La Buſſerolle établit ſon ſecond reproche ſur ce que les Témoins, dit-il, ſe ſont tranſportez d'office à Souvigny pour ſe faire aſſigner ſur le pavé de la Ville ; d'où il conclut que leur témoignage ne doit être d'aucun poids.

C'eſt un fait abſolument faux. Il eſt prouvé au Procès par les Exploits que l'Huiſſier s'eſt tranſporté au domicile des Témoins.

D'ailleurs, quand il ſeroit vray que pour éviter les frais du tranſport d'un Huiſſier, l'Accuſatrice auroit envoyé ſes Témoins ſur les lieux où l'audition ſe devoit faire, s'enſuivroit-il que leur témoignage dût être rejetté ? Quel eſt le ſens de l'Authentique citée par la Buſſerolle, quand elle dit en parlant des Témoins, *Rogati, non fortuiti, neque tranſeuntes veniant.* Il nous eſt expliqué par l'Article 4 du Titre 4 de l'Ordonnance de 1670 qui porte qu'avant d'être entendus, *les Témoins feront apparoir de l'Exploit qui leur aura été donné pour dépoſer :* Tout Témoin qui rapporte l'Exploit qui lui a été donné à la requeſte de l'Accuſateur, n'importe en quel lieu, n'eſt donc point du nombre de ceux que la Loy réprouve comme adminiſtrez par le hazard & l'occaſion.

Le dernier reproche, qui ne regarde que Marie Belin ſeule, eſt fondé ſur la prétenduë inimitié qui regnoit entr'elle & la Buſſerolle. Le prétexte qu'il donne à cette inimitié ſuppoſée, eſt une calomnie horrible, qui ſeule merite toute la rigueur de la Juſtice. Il a oſé publier que Marie Belin entretenoit un commerce honteux avec le ſieur de la Broſſe, & qu'il leur fit une remontrance ſur le ſcandale que cauſoit leur conduite : C'eſt, dit-il, depuis ce temps que cette fille eſt devenuë mon ennemie capitale.

Ce reproche porte à faux, & l'on peut dire qu'il péche contre le vray & le vray-ſemblable : contre le vray, parce que Marie Belin eſt une fille d'honneur & de vertu, que tout le Pays a toujours reconnuë pour telle ; contre le vray-ſemblable, tout le monde le ſent du premier coup d'œil. La Buſſerolle, Partiſan declaré de la débauche, confident & même inſtiga-

C

teur des plaiſirs du ſieur de la Broſſe, aura eu la délicateſſe de lui reprocher l'irrégularité de ſa conduite, cela ne tombera pas ſous le ſens. Mais
eſt-il nouveau de voir la Buſſerolle donner dans de pareilles illuſions?

La Dame Intimée s'étoit propoſé de répondre à toutes les prétenduës
contradictions des Témoins que la Buſſerolle a marquées dans une multi-
tude d'apoſtilles qui ſe trouvent ſous les pages 17. 18. 19. & 20. de ſon Memoire. Elle avouë avec ſincerité qu'elle a fait de vains efforts pour y trouver quelque choſe qui approchât du vray, enſorte que toutes reflexions
faites, elle croiroit perdre ſon tems ſi elle s'amuſoit à combattre de telles
remarques. Au reſte, que la Buſſerolle n'aille pas ſe prévaloir de ce ſilence;
elle le doit à la Cour & au Public, qu'elle craindroit d'ennuyer par un détail de réponſes, on ne dit pas que tout Juriſconſulte, mais que tout
homme ſenſé prévoit à la ſimple lecture du Mémoire de la Buſſerolle.

On ſe contentera d'obſerver ici que dans la comparaiſon que fait la
Buſſerolle de l'information faite contre lui, & de l'Enquête faite par la
Dame Intimée contre le Sieur de la Broſſe, pour parvenir à la Sentence de
ſéparation de corps qu'elle a obtenuë, il a alteré avec la derniere infide-
lité les dépoſitions des Témoins oüis dans l'Enquête ; que d'ailleurs elle
n'a nul rapport à l'information, puiſque cette Enquête ne fait point
partie du procès.

Les apoſtilles de la Buſſerolle ſont ſuivies de quelques obſervations ſur
la confrontation de Marie Belin & de Marguerite Gerbon.

Le premier fait que la Buſſerolle releve, c'eſt qu'il prétend que Marie
Belin a dit à la confrontation, qu'elle étoit ſeule dans la chambre lorſque l'Accuſé y entra, & que la plainte porte, que Marguerite Gerbon y
étoit allée pour avertir la Dame Intimée, qu'elle avoit trouvé l'Accuſé
dans une étable.

Que trouve-t-on de contradictoire dans ces deux circonſtances? de ce
que Marie Belin étoit ſeule dans la chambre avec la Dame de la Broſſe
quand l'Accuſé y entra, s'enſuit-il que Marguerite Gerbon, qui avoit
averti la Dame Intimée de l'arrivée de la Buſſerolle, n'ait pas pû ren-
trer en cette chambre dans le même moment que l'Accuſé? Elle y étoit réellement preſente ; c'eſt ce qui fait tomber la fauſſeté que la Buſſerolle avance, en ſoutenant que Marie Belin a encore dit à la confrontation, qu'elle
étoit ſeule lors de la réponſe que fit l'Accuſé aux reproches de la Dame
Intimée.

La Buſſerolle ſoutient encore que Marie Belin a dit à la confrontation
que le mari étoit preſent, lorſque l'Accuſé parla en termes injurieux à la
Dame de la Broſſe, au ſujet des Officiers du Regiment de Perche. Dans ſa
dépoſition, dit-il, elle place ces injures avant l'arrivée du ſieur de la
Broſſe ; voila une retractation bien formelle.

Il faut que la Buſſerolle ſoit bien dénué de bons moyens pour en pro-
poſer de tels. Ces injures ont été proferées avant l'arrivée du mari, cela
eſt vrai ; mais il n'eſt pas moins vrai qu'elles ont été repetées à differentes
repriſes en ſa preſence.

Mais, ajoute la Buſſerolle, la plainte ſuppoſe que le mari n'étoit pas
preſent, puiſqu'il y eſt dit, que l'Accuſé enferma la Dame Intimée dans
une chambre pour lui ôter le moyen d'en prévenir & d'en demander
vengeance à la Juſtice & à ſon mari.

On demande à la Bufferolle ce qu'il prétend prouver par là. Veut-il faire voir que le fieur de la Broffe n'étoit pas prefent ? il fe dément lui-même. Veut-il donner à entendre que le mari étoit prefent ? on en convient, & c'eft avec douleur.

Accordés-vous donc, continuë la Bufferolle, avec vous-même. Dans votre plainte vous dites, qu'on vous a empêché de prévenir votre mari, & de lui demander vengeance des outrages dont vous vous plaignez ; & dans votre Requête de conclufions civiles, vous prétendez que ces injures ont été faites en prefence de votre mari. Cela s'implique.

Il n'eft pas difficile de détruire cette prétenduë contradiction. On fçait que le fieur de la Broffe fut témoin de tout ce qu'on fit fouffrir à la Dame Intimée ; mais malgré la fureur dont il parut lui-même faifi dans ces momens d'horreur, la Dame Intimée efperoit que rendu à lui-même il auroit peut-être affez de fenfibilité pour venger des affronts qui le deshonoroient autant qu'elle. Elle fe perfuadoit que fes larmes & les douleurs l'attendriroient peut-être , & qu'il fe fouviendroit qu'il étoit mari. C'eft le fruit qu'elle ofoit attendre de fes plaintes. C'eft donc avec juftice qu'elle a accufé la Bufferolle de lui avoir ravi l'occafion de faire fur l'efprit de fon mari ce trifte effai de fes remontrances. Voilà ce qu'elle a appellé dans fa Requête *prévenir fon mari , & lui demander vengeance.* Tout ce que la Bufferolle pourroit reprocher à la Dame Intimée, feroit d'avoir cru pouvoir arrêter le progrès des leçons d'un Maître tel que lui, & d'avoir fuppofé dans un mari, dont il avoit corrompu le cœur , quelques reftes d'honneur & d'humanité.

Voilà-donc l'Article, qui contient les obfervations fur la confrontation des Témoins, abfolument renverfé. Au refte il faut remarquer que n'ayant point eu communication de ce qui s'eft paffé à cette confronta-tion , on foutient ici le perfonnage de ce Gladiateur aveugle * qui com-battoit fes ennemis fans les voir , & qui ne laiffoit pas de les vaincre.

A l'égard des dépofitions de Marie Bernard , Blaife Laurent , dit Re-don, & de Touffaint Bernon , elles font encore d'une trempe fur laquel-le la Bufferolle ne fçauroit mordre; & quelques efforts qu'il faffe pour pa-rer les coups qu'elles lui portent, la Cour & le public feront convaincus, que ni fes Apoftilles, ni le corps même de fon Memoire ne l'en garan-tiront pas.

Après avoir détruit tous les moyens de la forme oppofés par la Buffe-rolle, c'eft-à-dire, les fins de non recevoir , les nullités de la procedure, les reproches des Témoins, & les prétenduës contradictions de leurs dé-pofitions , fon crime paroît dans toute fa nudité : rien ne peut plus fuf-pendre la vengeance que les Loix doivent à la Dame Intimée. Le coupá-ble lui-même n'a pas ofé nier, que fon crime une fois averé ne meritât le plus grave châtiment. Chacune des circonftances qui l'accompagnent, exigeroit feule une peine fevere. Ici l'honneur de la Dame Intimée fe trouve attaqué par les injures les plus groffieres, par les reproches les plus infâmes ; là elle éprouve tout ce que la rage & la brutalité peuvent exercer de violences : & ce qui doit exciter davantage l'attention des Magiftrats, que la Providence a rendu dépofitaires de la vie & de l'hon-neur des Citoyens ; c'eft que la Dame Intimée s'eft vûe dans les bras de

l'Accusé suspenduë entre la vie & la mort, & sur le point d'être préci-
pitée dans les fossés de son Château. Si ce tableau n'étoit pas suffisant
pour animer la vengeance publique, on ajoûteroit ici que la Dame de la
Brosse étoit grosse, & que cette scene cruelle a couté la vie à son fruit,
comme a dû le prévoir l'Accusé, qui surement connoissoit son état. Mais
nous n'avons pas besoin d'épuiser toutes nos plaintes. La Dame Intimée
attend donc avec la confiance que la Justice lui inspire, un Jugement,
qui, pour effacer à jamais le souvenir des outrages qu'elle a soufferts, retranche de la societé civile un homme qui la deshonore depuis si long-
temps par la corruption de ses mœurs.

Monsieur DE VREVIN, Raporteur.

Mᵉ DE GENNE, Avocat.

BOUCHARD, Proc.

A Paris, de l'Imprimerie d'André Knapen, au bas du Pont S. Michel.